Nicolot

La lithographie etc...

(1875)

V

La lithographie etc...

L A
LITHOGRAPHIE POUR TOUS

INSTRUCTION THÉORI-PRATIQUE

POUR IMPRIMER SOI-MÊME

SUR PIERRE ET SUR MÉTAL

—◆—

Par GUÉRIN-NICOLOT

INVENT.-FABRICANT DE PRESSES PORTATIVES

pour imprimer soi-même

Brevets d'invention et de perfectionnements s. g. d. g.

Médaille d'argent, PARIS 1872.

═══════

PARIS

GUÉRIN-NICOLOT

186, Rue Saint-Martin, 186

———

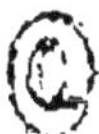

« Quand nous disons que la lithographie n'a pas de bonnes presses, » écrit M. Knecht (1), « nous n'en exceptons pas même la presse à moulinet, si généralement adoptée, parce qu'elle est d'une trop grande valeur pour le travail qu'elle exécute, et qu'il faut à l'imprimeur, même avec celles qui sont le mieux construites, une somme de force considérable pour la manœuvrer. »

Enfin, le même auteur résume ainsi les qualités qu'il faut rechercher dans le choix d'une presse : « On doit s'attacher à la solidité de la machine, afin qu'elle puisse fournir un travail continu sans se déranger, et donner une pression suffisante dans tous les genres de tirages. La presse doit occuper le moins de place possible, tout en recevant des dispositions faciles, pour que l'ouvrier ait ses mouvements libres et qu'il n'ait pas besoin d'une grande force pour s'en servir. »

Tel est le multiple but que nous nous sommes proposé dans la création des trois sortes de presses, dont nous donnons ici la description sommaire.

DESCRIPTION DES PRESSES

1° — PRESSE A RATEAU MANUEL PERFECTIONNÉ POUR IMPRIMER AVEC MÉTAL OU PIERRE.

Cette presse, ou plutôt cet appareil imprimeur, se compose d'un chariot, d'un chassis et d'un rateau manuel servant à donner la pression.

---

(1) *Manuel complet du dessinateur et de l'imprimeur lithographe,* par Knecht, seul élève de Senefelder. 1 vol. de 500 pages, avec atlas, prix : 5 francs ; par poste, 5 fr. 75 cent.

Le chariot est destiné à recevoir la planche en métal ou la pierre, que l'on peut employer indifféremment sur toutes nos presses.

A l'une des extrémités de ce chariot est adapté le chassis lithographique; dessous sont deux pitons-arrêts que l'on appuie contre le bord de la table sur laquelle on veut travailler; à l'autre bout se trouve un autre piton dans lequel, ainsi que dans les deux premiers, on passe une vis pour fixer l'appareil si on en reconnaît l'utilité.

Notre râteau manuel perfectionné se compose du râteau proprement dit et de la double poignée que nous y avons ajoutée, ce qui en rend l'usage très-facile, et en fait un râteau d'une forme nouvelle qui nous appartient.

La presse à râteau manuel est l'appareil le plus simple que l'on puisse trouver, c'est la presse primitive, c'est la moins parfaite. Elle convient cependant aux jeunes gens et aux amateurs, pour des tirages restreints et de petits formats. Son prix la met à la portée de tous.

2° — PRESSE A CYLINDRES, POUR MÉTAL OU PIERRE
ÉGALEMENT PROPRE AU SATINAGE.

Le principal appareil de cette presse consiste en deux cylindres en fer, assemblés verticalement et parallèlement dans un bâti. La pression se règle au moyen de vis placées au sommet de ce bâti, lesquelles laissent au cylindre supérieur la faculté de monter, de descendre, et de s'équilibrer à volonté.

C'est entre ces cylindres que passe le chariot qui porte la planche ou la pierre.

Nous avons deux sortes de presses à cylindres:

1° celle qui est indépendante, c'est-à-dire la presse lithographique seule que nous appelons *Presse lithographique*; 2° celle qui est réunie à la presse typographique, et que nous avons désignée sous le nom de *Presse typo-lithographique*.

Dans la première, les cylindres sont établis sur un socle à part, et dans la seconde, le socle est commun à la typo et à la lithographie

Dans ce système de presse lithographique à cylindres, on emploie aussi à volonté le métal ou la pierre.

Les presses à cylindres en fer, qu'elles soient garnies de feutre, de flanelle ou de caoutchouc, n'ont pas l'élasticité de la presse à râteau mécanique, il faut donc qu'elles soient bien établies, sans quoi elles donnent une pression rigide, quelquefois inégale, par conséquent une impression écrasée et irrégulière.

La garniture du cylindre supérieur étant susceptible de se déformer et de se briser bien vite, nous conseillons de la supprimer et d'employer la flanelle ou le blanchet à plat sur le chassis de ces sortes de presses.

Les presses à cylindres bien conditionnées sont excellentes pour le satinage du papier, et peuvent aussi servir à copier la correspondance.

3° — PRESSE A RATEAU ET TRACTION MÉCANIQUES

Brevetée s. g. d. g.

POUR MÉTAL ET PIERRE

Cette presse d'un système tout nouveau, peut, comme nos autres presses, s'annexer à la typographie au moyen d'un socle commun, ou s'établir séparément.

Elle se compose donc d'abord du socle ou bâti servant de base aux appareils, qui sont : le rouleau-porte-chariot, le porte-râteau, le râteau et le levier servant à donner la pression, la petite roue, la grande roue et le volant, qui, avec leurs arbres, forment l'appareil de traction, enfin, le chariot comprenant le porte-pierre, le chassis, la sangle et le cordon auquel s'adapte le contre-poids.

L'application de notre levier conjugué au porte-râteau lithographique permet de donner sans efforts (absolument comme dans nos presses typographiques) une pression considérable, que l'on peut régler à volonté, selon que le travail l'exige. L'appareil de traction a une telle force, que c'est à peine si l'on s'aperçoit de la résistance.

Tout le monde sait que cette force de pression et de traction sont les deux qualités principales qui, avec la solidité, le peu de volume et la légèreté, constituent une bonne presse, et surtout une bonne *Presse portative*.

Toutes ces qualités se trouvent réunies dans notre presse à râteau et traction mécaniques. En effet, elle est légère, facile à manœuvrer, tient peu de place et ne demande aucune espèce d'installation ; elle n'a même pas besoin d'être fixée, et n'exige ni entretien ni réparation.

MÉTAUX ET PIERRES GRAPHIQUES

Tous les métaux, en général, reçoivent le décalque et l'écriture ; mais les plus propres à la lithographie sont le zinc et l'étain.

Le zinc plané, décapé et poli, quoique propre à l'autographie, ne peut cependant donner qu'un nombre très-restreint d'épreuves, encore n'ont-elles pas toujours toute la netteté désirable. Il est plus employé en Allemagne qu'en France, il est économique et rend service dans bien des cas.

L'étain reçoit facilement le décalque et donne un plus grand nombre d'exemplaires que le zinc: mais, sous la pression, la planche s'allonge et les traits s'élargissent. Il ne peut être employé qu'avec les presses à râteau manuel.

Pour obvier aux divers inconvénients que nous venons de signaler, nous employons un alliage, breveté s. g. d. g., qui est très-résistant, sur lequel on peut écrire et dessiner comme sur la pierre; il donne d'excellents et nombreux tirages.

Cependant, pour rendre hommage à la vérité, nous devons dire que la pierre est toujours préférable, surtout pour la lithographie proprement dite; c'est pourquoi *toutes nos presses* sont à deux fins : pour le métal et pour la pierre.

Quant aux pierres que nous employons, ce sont, de préférence, des pierres ayant servi assez long-temps pour être assuré de leur bonne qualité; ou des pierres neuves de premier choix. Elles sont à un ou à deux côtés, toujours parfaitement dressées, grenées, polies et prêtes à être employées pour le décalque, l'écriture et le dessin.

USTENSILES LITHOGRAPHIQUES

Les principaux ustensiles lithographiques sont :

la Table au noir, le Rouleau, le Râcloir, et le Couteau (1).

Le rouleau est un cylindre en bois, revêtu de flanelle et de peau de veau d'un grain égal, fin et serré, dont le côté de la chair se trouve *en dehors* pour l'écriture et les impressions en noir, et *en dedans* pour les impressions en couleurs.

Les rouleaux sont à fourchettes ou à poignées. Avant de s'en servir, il faut les *faire*, c'est-à-dire, les préparer en les roulant dans le vernis sur la tablette au noir.

La table au noir doit être en zinc ou en marbre poli, ce qui est bien préférable. Cette table doit être pourvue d'un couvercle pour garantir l'encre de la poussière pendant l'interruption du travail.

Le râcloir n'est autre chose que le simple couteau à reboucher employé par les peintres; il sert à prendre le noir, à le préparer, à l'étendre et à le relever de dessus la table à encrer.

Pour nettoyer le rouleau on peut se servir d'un couteau ordinaire dont on a arrondi le tranchant, ou d'un racloir dont les côtés ont été disposés à cet effet. Si on veut le bien dépouiller du vieux noir, il faut le laver à l'essence, et, après évaporation le faire de nouveau dans le vernis.

ACCESSOIRES

Les principaux accessoires sont : le tamis, les éponges, les plateaux, et les différents flacons et

---

(1) Nous parlerons en temps utile des divers outils et fournitures à l'usage des écrivains lithographes.

vases, nécessaires pour préparer la planche et la pierre, tremper le papier, gommer et aciduler.

Les tamis les plus convenables pour la cendre et le sable, sont les tamis nº 80, 90 ou 100. Leur dimension est à peu près indifférente.

Les éponges nécessaires à l'imprimeur sont au nombre de trois : une pour aciduler, une pour gommer, et l'autre pour mouiller.

- Les meilleures éponges pour la lithographie sont les éponges de Venise, de forme ronde et de grosseur moyenne. Elles doivent être bien préparées, tout-à-fait exemptes de sable, tenues avec la plus grande propreté, lavées, essorées et séchées chaque fois que l'on s'en est servi.

Les plateaux à mouiller ou à presser le papier doivent être de dimensions convenables, emboîtés par les bouts, et parfaitement dressés et replanis.

Quant aux flacons dont on fait usage pour l'encre et surtout les acides, il est utile qu'ils soient bouchés à l'émeri et bien étiquetés.

Il faut aussi pour l'eau pure, l'eau gommée, l'eau acidulée, l'éponge à mouiller et la cendre pour nettoyer, cinq bols ou terrines de différentes couleurs, et un seau ou récipient quelconque, pour recevoir les eaux provenant des nettoyages.

Enfin, il faut avoir *à sa disposition* de l'eau, une cuvette, du savon, un essuie-mains, des torchons convenables pour nettoyer la planche, la pierre, la presse, les ustensiles et les accessoires.

LA LITHOGRAPHIE POUR TOUS

OPÉRATIONS PRÉLIMINAIRES

Les principales opérations préliminaires sont :
I. — Le choix du papier ;
II. — La trempe du papier ;
III. — La préparation des presses et appareils.
IV. — La Préparation des ustensiles.
V. — Le choix des fournitures.

I. — CHOIX DU PAPIER.

Les papiers mécaniques, point ou peu collés, sont les plus propres à l'impression lithographique ; mais les papiers de fantaisie, fortement satinés, peuvent s'employer aussi sans être trempés, tandis que les papiers ordinaires ou non satinés doivent toujours l'être.

II. — TREMPE DU PAPIER

Tremper le papier, c'est l'humidifier, afin qu'il se prête mieux au tirage et qu'il prenne plus facilement l'encre.

La trempe du papier se fait de trois manières ; mais pour l'une et l'autre, il faut se procurer deux planchettes bien dressées, une éponge et de l'eau dans un grand vase.

La *première manière* de tremper le papier, consiste à en prendre quatre ou cinq feuilles, les mettre sur une planchette, et, de la main droite, avec une éponge fortement imbibée d'eau, mouiller abondamment la feuille de dessus; poser ensuite sur ces premières feuilles quatre ou cinq autres feuilles que l'on mouille de la même manière, et ainsi de suite, jusqu'à la dernière feuille, que l'on couvre d'une maculature et d'une seconde planchette. On charge le tout d'un poids assez lourd pour opérer une très-forte pression.

Quelques heures après, on remanie le papier, c'est-à-dire qu'on prend les feuilles par petite quantité et qu'on les replace dans un ordre différent, tandis qu'on réhumecte ce qui paraît peu ou pas mouillé. On charge ensuite comme on l'avait fait d'abord. Quelque temps après, on obtient un papier doux, bien plat et parfaitement disposé pour le tirage.

La *seconde manière* de tremper le papier consiste à prendre de l'eau dans un grand vase et à passer le papier dedans en le tenant aux deux extrémités par petites poignées de cinq à dix feuilles, et à le placer, presser et remanier ensuite comme il a été dit plus haut.

Enfin, la *troisième manière* de tremper le papier, celle que nous conseillons surtout, consiste à intercaller le papier que l'on doit imprimer entre des feuilles d'un papier de plus grand format, qu'on a fortement trempées et remaniées dès la veille, comme il est dit ci-dessus. On charge ensuite, et on laisse le papier en cet état pendant une demi-journée environ.

S'il doit y avoir retiration, c'est-à-dire si l'on doit imprimer sur le second côté de la feuille, il faut réintercaler les feuilles au fur et à mesure qu'on les imprime du premier côté, afin que le papier conserve son humidité aussi longtemps qu'il est nécessaire pour achever l'impression.

La trempe du papier doit ordinairement se faire la veille, c'est le temps normal pour obtenir un bon résultat. Trop à l'avance elle ferait piquer (tacher) le papier; trop peu, on n'atteindrait pas le but.

III. — Préparation des Presses et Apprreils.

1° *Préparation de la Presse à râteau manuel perfectionné.* — Cet Appareil n'exige aucune installation; il se place sur une table de hauteur moyenne, sur laquelle on le fixe si on le croit nécessaire.

Cela fait, si le chariot est destiné à recevoir des planches de métal, il faut nettoyer la plaque de zinc et la planche lithographique; mouiller l'une et l'autre avec l'éponge, puis placer la planche de métal graphique sur la plaque de zinc, rabattre le chassis et donner la pression.

La planche métallographique se trouve ainsi fixée pour tout le temps que doit durer le tirage et plus; cependant, elle peut se retirer facilement en la soulevant par un de ses angles.

On peut également appliquer la planche sur la pierre, en procédant comme il vient d'être dit.

2° *Préparation de la Presse à cylindres.* — Pour installer la presse lithographique ordinaire à cylindres, il suffit aussi de la placer sur une table, un bureau, un meuble quelconque, de hauteur moyenne, et de la fixer, si on le juge nécessaire.

3° *Préparation de la Presse litho-typographique à cylindres.* — Pour installer cet appareil, il faut retirer le chariot typographique, enlever la planchette qui ferme l'orifice de l'entaille, placer l'appareil lithographique dans cette entaille, en fixer le bâti au moyen des coins à vis à ce destinés, placer le chariot sous les cylindres et régler la pression et la course.

4° *Préparation de la Presse à râteau mécanique.* — La presse à râteau mécanique se place tout simplement comme les autres presses, sur une table de hauteur moyenne, et, ne demande pas d'autre installation, si ce n'est de régler la pression, la course du chariot, la sangle, le cordon et le contrepoids, ce que tout le monde peut faire en quelques instants, sans autre instruction que l'examen préalable de cette presse.

5° *Préparation de la Planche métallographique.* — La préparation de la planche consiste à la *nettoyer* et à la *grener*.

Nettoyer la planche, c'est en rendre la surface bien propre et bien claire; la grener c'est lui donner un *mat* ou *grain* semblable à celui d'une poussière fine et blanche qui aurait été répandue dessus.

Pour nettoyer la planche, il faut se servir de cendres tamisées, en faire une boue, et, avec un tampon, en frotter le métal jusqu'à ce que la planche soit bien brillante, après quoi on enlève la poussière avec un linge blanc.

On grène ensuite la planche avec du sable fin passé au tamis, pas trop dur, ou de la poudre de ponce numéro zéro que l'on verse dessus; puis, avec un linge bien propre, un cuir ou une calle à grener, ou mieux avec une mollette, on frotte la planche par petits mouvements circulaires, jusqu'à ce qu'elle soit partout d'un mat bien uniforme; enfin on enlève avec soin la poussière avec un plumeau ou un linge blanc. A partir de ce moment, *on ne doit plus porter les doigts ni aucune autre chose sur la planche :* TOUT CONTACT AVEC UN CORPS ÉTRANGER DONNERAIT INFAILLIBLEMENT UNE TACHE AU TIRAGE.

On peut aussi grener avec de l'émeri en poudre ou du papier d'émeri ; dans ce dernier cas, on se sert de la cale à grener et l'on procède comme il vient d'être dit.

6° *Préparation de la Pierre graphique.* — Nos pierres graphiques étant toujours bien dressées, il suffit, pour l'écriture ou le décalque, de les poncer, après les avoir nettoyées à l'essence. Voici la manière de poncer les pierres.

Prendre une pierre ponce d'un grain léger et serré, préalablement dressée sur un grès, puis mouiller la pierre graphique et la frotter par va et vient, assez longtemps pour bien la polir. Pendant ce travail, il faut mouiller très-souvent la pierre graphique et tremper la pierre ponce dans l'eau pour la débarrasser de la boue qui se produit par le ponçage.

Si l'on voulait dessiner au crayon lithographique, il serait bon de grener la pierre. Voici comment on procèderait :

1° — Prendre un baquet rempli d'eau pure, placer dessus deux tasseaux en bois, sur lesquels on met la pierre que l'on veut grener. On peut aussi opérer sur un évier, en plaçant la pierre sur deux tasseaux comme il vient d'être dit ; alors on prend de l'eau dans un vase que l'on place à sa droite.

2° — Saupoudrer la pierre avec du sable passé

au tamis n° 90, humecter et placer dessus une pierre de grès très-dur et très-fin, préalablement dressée sur le dessous de la pierre graphique ou sur un autre grés, imprimer à ce grès tantôt un mouvement de va et vient, tantôt un mouvement circulaire ou de rotation, en ayant soin de passer alternativement et également sur toute la surface de la pierre, veillant à ne la creuser en aucun endroit. Pour terminer, il faut user le dernier sable, jusqu'à ce qu'il soit réduit en boue, ayant soin de mettre très-souvent de l'eau sur la pierre.

Nota. — Quand on possède deux pierres graphiques, il est inutile de recourir au grès : avec l'une on grène l'autre.

3° — Quand le travail est terminé, on sépare les pièces qu'on lave, et que l'on place verticalement pour les égoutter et les sécher.

IV. — Préparation des Ustensiles et Accessoires.

1° *Préparation de la Table au noir.* — La table au noir se place à gauche de l'imprimeur sur la même table ou sur une table spéciale ; le papier se met en avant, sur la tablette inférieure d'une étagère dont la tablette supérieure est consacrée aux feuilles imprimées.

2° *Préparation du rouleau.* — Après avoir monté le rouleau, s'il est à fourchette, on le gratte pour en enlever le vieux noir. Ensuite, on étend dessus un peu de noir lithographique et on le roule sur la table, le faisant mouvoir en tout sens pour distribuer, c'est-à-dire, étendre uniformément le noir, sur l'un et sur l'autre.

On reconnaît que le rouleau est convenablement

préparé quand il *mord*, c'est-à-dire quand il fait entendre un petit *bruissement* et qu'il est, ainsi que la table, d'un noir fin et velouté.

Trop de noir sur le rouleau donne des impressions lourdes et empâtées; trop peu en donne de pâles, grises et sèches qui sont très-désagréables à l'œil.

Il est bon de se méfier aussi du vernis : l'encre trop liquide ou trop chargée de vernis fait grossir les traits et tache la planche. La pratique seule peut apprendre à faire usage de ces choses avec discernement, en observant toutefois qu'il est indispensable, si l'on veut réussir, de n'employer que des produits de bonne qualité, et que le noir doit être employé très-dur et le vernis très-fort.

Enfin, il ne faut pas oublier que *la table au noir et le rouleau doivent être tenus dans un état constant de propreté*. A cet effet, le rouleau doit être *gratté très-souvent*, et le vieux noir *enlevé de dessus la table*, chaque fois que le travail est terminé ou suspendu pour quelques jours.

3° *Préparation du Noir*. — Le noir d'impression, tel qu'il est préparé, peut se trouver trop épais en hiver; alors, après la mise en train, on en prépare une petite quantité, en y ajoutant quelques gouttes de vernis que l'on mélange soigneusement avec le couteau sur une extrémité de la table au noir. En général, il faut employer le noir très-dur, car, ainsi que nous l'avons déjà dit, trop de vernis empâte la planche et finit par la gâter.

V. — Choix des Fournitures

1° *Papier autographe*. — Le Papier autographe

est de deux sortes : ordinaire ou tout préparé à recevoir l'écriture.

Le papier autographe ordinaire doit être préparé comme suit : verser dessus un peu de sandaraque et l'étendre avec une patte de lièvre, un petit tampon de ouate ou de linge fin, jusqu'à ce que la surface du papier devienne blanchâtre ; enlever ensuite la sandaraque avec un petit plumeau ou du linge très-propre.

Le papier autographe préparé est celui que l'on emploie sans sandaraque ; c'est ce dernier que nous conseillons comme étant plus facile à écrire pour les débutants ; cependant l'un et l'autre sont bons quand on sait les employer.

2° *Encre autographique.* — Il ne faut pas confondre l'*encre* autographique, avec le *noir* autographique : avec l'encre on *écrit* ou l'on *dessine* l'original ; avec le noir on *imprime* : l'expérience nous a démontré l'utilité de cette remarque.

La meilleure encre autographique est celle qui contient un peu d'encre lithographique, ce qui la rend plus brune, plus coulante et plus facile à employer. Elle se conserve aussi plus longtemps, même pendant plusieurs années, si on a soin de la tenir au frais.

Il y a aussi de l'encre en bâton qui se délaie au fur et à mesure des besoins, comme l'encre de Chine, mais l'emploi en est difficile et la qualité moins sûre ; cependant il y en a de bonne, qui a en outre l'avantage de pouvoir être expédiée par poste.

INSTRUCTION PRATIQUE

AUTOGRAPHIE

L'*Autographie* est l'art de reproduire identique-
ment (au moyen de procédés chimiques et de
l'impression mécanique) une écriture ou un dessin
quelconque, *tracé comme à l'ordinaire*, avec une
encre et sur un papier préparés à cet effet.

Autographier, c'est donc reproduire l'écriture et
le dessin par les *procédés autographiques*.

Les *procédes autographiques*, à part l'écriture qui
se fait comme à l'ordinaire, sont les mêmes qu'en
lithographie; ils comprennent plusieurs opérations
que nous allons indiquer et qui sont :

1° — Écrire l'original,
2° — Imposer et repérer,
3° — Décalquer,
4° — Acidùler et gommer,
5° — Encrer le décalque,
6° — Faire le tirage,
7° — Faire la retiration.

1. — ÉCRIRE L'ORIGINAL

Pour écrire l'original il faut d'abord couper, de
format convenable, une feuille de *papier autographe*, la fixer aux quatre angles avec de la colle à
bouche, sur un cahier ou dossier de papier fort, le
côté préparé et qui est ordinairement jaune, en dessus; tracer au crayon ordinaire les lignes ou le des-

siù que l'on veut exécuter ; placer dessus un garde-main en fort papier ; et, avec *l'encre autographique*, *écrire* ou *dessiner comme à l'ordinaire, en évitant soigneusement de porter les doigts ou aucune autre chose sur l'original*. Le travail terminé, on laisse sécher.

II. — Imposer et Repérer.

En Lithographie, comme en Typographie, *imposer* c'est disposer les pages de telle sorte qu'après l'impression et le pliage, elles se trouvent dans leur ordre naturel.

Repérer, c'est déterminer la place que doit occuper sur la planche la feuille que l'on imprime, et faire tomber exactement l'impression du second côté de la feuille sur celle du premier.

Voici les procédés que nous conseillons pour *imposer* et *repérer* :

1° *Pour imposer et repérer directement sur la planche.* — Plier une feuille du papier que l'on doit imprimer en un cahier tel qu'on désire l'obtenir après l'impression ; en numéroter les pages : 1, 2, 3, 4, etc., en commençant par la fin du cahier, c'est-à-dire par la dernière page : ces numéros indiqueront, sur la feuille dépliée, l'ordre dans lequel on doit placer l'original sur la planche ou la pierre. Cela fait, on trace *au crayon*, sur la planche, des lignes verticales et horizontales pour indiquer la division exacte des pages, marge intérieures comprises. On coupe de même les feuillets de l'original que l'on place ensuite à leur ordre respectif, après les avoir mouillés comme il est dit pour le décalque.

2° *Pour imposer et repérer sur une feuille de pa-*

pier. — Plier, comme il est dit plus haut, une feuille du papier que l'on veut imprimer en un cahier tel qu'on désire l'obtenir après l'impression ; en numéroter les pages dans l'ordre *naturel* : ces numéros indiqueront, sur la feuille dépliée, l'ordre dans lequel on doit placer *sur cette feuille même* chaque page de l'original que l'on y fixe à chaque coin avec un peu de colle à bouche ou de colle de pâte.

Les lignes indiquées par les plis et par le périmètre de la feuille d'imposition, doivent être tracées avec le plus grand soin et la plus grande exactitude avec de l'encre autographique, à toutes les extrémités et à tous les angles sur la feuille d'imposition. A cet effet, on rapporte avec de la colle partout où besoin est de petits carrés de papier autographique, sur lesquels on trace ces lignes. En se reproduisant sur la planche par le décalque, les lignes extérieures servent de points de repères ; celles de l'intérieur indiquent la pliure.

III. — Décalquer.

Décalquer une autographie c'est transporter l'écriture ou le dessin original sur la planche qui doit le reproduire. Cette opération demande un peu d'attention, mais elle n'offre aucune difficulté sérieuse.

Voici comment on opère :

Pour décalquer, il faut placer l'original ou la feuille sur laquelle on a imposé l'original sur un morceau de papier un peu plus grand, le côté de l'écriture en dessous ; puis, avec une éponge convenablement imbibée d'eau ordinaire, mouiller la feuille d'imposition ou l'original lui-même, jusqu'à ce que le papier soit devenu très- souple et se tienne bien à plat. S'il se roulait, il faudrait le maintenir un instant avec les doigts et l'éponge, en prenant soin de ne jamais mouiller le côté de l'écriture et encore moins l'écriture elle-même. Si cependant cela arrivait il faudrait sécher bien vite et bien soigneusement avec un buvard.

Ensuite, il faut prendre la feuille d'imposition (1) ou l'original par les deux angles diamétralement opposés, le placer sur la planche, l'écriture en dessous, le recouvrir du papier dont on vient de se servir pour mouiller, et rabattre le châssis; enfin, donner la pression plusieurs fois, puis, relever le châssis, mouiller de nouveau le dos de l'original ou de la feuille d'imposition, sans rien déranger, et donner encore plusieurs fois la pression. On mouille encore et on retire avec précaution la feuille d'imposition, sans déranger l'original que l'on soumet encore à une nouvelle pression. Enfin, on mouille une dernière fois, et l'on soulève la feuille originale par un des angles; si le décalque est achevé, tous les traits se trouvent sur la planche, *il ne reste rien sur la feuille*, l'écriture doit l'avoir abandonnée complétement, autrement il faudrait laisser retomber la feuille sans la déranger, mouiller et presser de nouveau jusqu' à ce qu'il ne reste *plus rien* sur l'original.

Il est très-rare qu'après avoir opéré comme nous venons de l'indiquer, le décalque ne soit pas parfait, surtout si la planche a été bien nettoyée et grenée, et si l'on a eu la précaution, avant le décalque, de la tenir pendant quelque temps dans un endroit chaud

---

(1) Veiller à ce que rien ne se détache de la feuille d'imposition

et si toute l'opération a eu lieu à une température ordinaire de 12 à 15 degrés.

REMARQUE.— On a la probabilité que le décalque est terminé quand le papier autographique est devenu transparent et que l'écriture paraît parfaitement à travers : c'est alors qu'on mouille une dernière fois l'original et qu'on l'enlève doucement en commençant par un des angles, comme il a été dit plus haut.

IV. — ACIDULER ET GOMMER.

Aciduler c'est étendre sur la planche une préparation spéciale, dans le but de la nettoyer et de fixer en même temps les traits du décalque.

Voici comment on opère :

Après avoir décalqué, il faut laisser sécher la planche pendant quelques instants, une ou deux minutes, par exemple ; verser ensuite dessus un peu de la préparation ou composition d'acide et de gomme que l'on étend promptement, avec une éponge, sur toute la surface, principalement sur les marges et les autres parties non écrites. Quelques instants après, il faut laver de nouveau la planche, mais avec une autre éponge imbibée d'eau ordinaire, en ayant soin d'enlever, au moyen de cette lotion, tous les corps étrangers à l'écriture ou aux traits du dessin.

Les lithographes n'opèrent pas ainsi. Ils emploient l'acide d'abord et la gomme ensuite. Cette manière est préférable quand on a un peu de pratique.

REMARQUE. — L'acidulation est une opération très-importante, de la réussite de laquelle dépend la réussite et la beauté de l'impression ; en acidulant peu, la planche s'empâte ; en acidulant trop, on détériore le décalque, on peut même le détruire : l'expérience seule apprend à éviter ces deux écueils.

V. — Encrer le Décalque.

Encrer le décalque c'est le mettre en relief en le chargeant de noir d'impression.

Voici comment on procède :

Le décalque et l'acidulation étant faits comme nous venons de le dire, la table au noir et le rouleau préparés, on mouille la planche uniformément avec l'éponge à ce destinée ; on l'essuie avec un tampon de mousseline ou d'étoupes bien essoré, de manière à n'y laisser aucune goutte d'eau ; on passe ensuite le rouleau sur toute la planche, en le faisant rouler plusieurs fois dans tous les sens, ayant soin de le relever quand on arrive aux extrémités, pour que les mêmes parties du rouleau ne touchent pas sur les mêmes parties de la planche.

On passe ensuite l'éponge à préparation pour enlever le voile qui aurait pu se former sur la planche ; puis on mouille de nouveau avec l'éponge, on essuie avec la mousseline ou l'étoupe, on ravive l'encre du rouleau en le roulant de nouveau sur la table au noir, jusqu'à ce qu'il morde et fasse entendre le bruissement dont nous avons déjà parlé ; puis on encre encore la planche en appuyant fortement sur le rouleau. On répète plusieurs fois cette opération, et, chaque fois que la planche sèche sous le rouleau, on a soin de la réhumecter avant d'encrer de nouveau, sans quoi on la gâterait infailliblement.

Lorsque tous les traits sont devenus noirs, brillants, et qu'ils paraissent être en relief, l'encrage

est terminé. On laisse sécher si l'on en a le temps,
ou bien on passe tout de suite à la mise en train.

PREMIÈRE REMARQUE. — Il est très-important de
mouiller convenablement, car trop mouiller glace le
rouleau, le rend brillant et empêche l'encrage ;
trop peu mouiller expose à brouiller infailliblement
la planche, ainsi que nous venons de le dire.

SECONDE REMARQUE. — En passant lentement le
rouleau et en appuyant dessus, on dépose sur la
planche une grande quantité de noir ; passé rapide-
ment, il en enlève une grande partie, surtout si l'on
continue jusqu'à ce que la planche soit presque
sèche. On peut même, par ce dernier moyen, enlever les taches, comme il est dit au chapitre des
accidents du tirage.

OBSERVATION TRÈS-IMPORTANTE. — Nous recom-
mandons, d'une manière toute particulière, de faire
pendant tout le tirage, mais surtout pendant l'encrage de la planche, la mise en train et le tirage des
premières épreuves, un examen très-attentif et très-
minutieux de l'état de la planche ; de bien nettoyer
à la cendre, même poncer les marges, les angles
et tous les endroits obscurcis ou noircis, et d'effacer,
par tous les moyens possibles, toutes les taches aussitôt qu'elles apparaissent : au début, elles ne sont
rien ; après plusieurs encrages et pressions, elles ad-
hèrent tellement qu'il devient quelquefois impossible de les effacer sans détruire le travail.

VI. — TIRAGE.

Le *tirage* est l'action de mouiller et d'encrer la
planche, de mettre les feuilles sous presse et de les
imprimer. On nomme aussi *tirage* le résultat de

cette action, et l'on dit qu'on a fait un *bon tirage* quand l'impression est bien faite.

La planche encrée et séchée, comme il est dit plus haut, on peut mettre en train et faire le tirage.

Nous ne répèterons pas ici ce que nous avons dit au sujet de la préparation des appareils et des ustensiles, du mouillage et de l'encrage de la planche. Ces procédés doivent toujours être rigoureusement suivis en autographie comme en lithographie pour le genre d'impression qui nous occupe.

Voici maintenant comme l'on procède pour la mise en train :

Après avoir préparé la planche, les maculatures, le rouleau, la tablette au noir et tout le reste, selon l'espèce de presse que l'on possède, il faut mouiller la planche avec une éponge bien essorée, enlever le trop d'eau avec le tampon de mousseline ou d'étoupes (si la planche est en métal), encrer comme il a été dit, prendre une feuille de papier par les angles diamétralement opposés, la placer (sans frottement) sur la planche, aux points de repères ; la couvrir d'une maculature et du châssis, faire la pression.

La seconde épreuve et les suivantes s'obtiennent de la même manière.

REMARQUE.—La première épreuve est rarement bonne, mais la seconde vaut mieux, et la troisième est généralement satisfaisante si, dès la première épreuve, on a convenablement réglé la pression, et si, dès la deuxième, on a étudié et réussi l'encrage. Cependant, il convient de tirer une dizaine d'épreuves avant de commencer le tirage.

Pour faire ou continuer le tirage, il faut mouiller,

encrer, placer la feuille, rabattre le châssis et presser, comme il est dit plus haut, autant de fois qu'il est nécessaire pour obtenir le nombre d'exemplaires voulus.

Si la planche doit servir plus tard à un nouveau tirage, il faut d'abord l'encrer avec de l'encre de conservation, la couvrir entièrement avec une dissolution de gomme arabique, comme si on voulait la vernir, appliquer dessus une feuille de papier assez grande pour couvrir toute la pierre, la laisser sécher et la conserver dans cet état en un lieu tempéré et à l'abri de toute dégradation.

NOUVEAU TIRAGE.—Lorsqu'on veut faire un nouveau tirage, on mouille la planche avec une éponge, et, pendant que l'eau détrempe le papier et dissout la gomme, on prépare la table au noir et le rouleau. Ensuite, après avoir bien lavé la planche, on passe dessus l'éponge légèrement imbibée de préparation, on mouille à l'eau pure, on essuie, on encre et l'on tire comme à l'ordinaire.

VII. — RETIRATION.

La *retiration* est l'action d'imprimer la feuille au verso lorsqu'elle l'est déjà au recto; en d'autres termes, c'est le tirage sur le second côté de la feuille, lorsqu'il a été fait sur le premier. On appelle aussi *retiration* le résultat de cette opération.

La retiration se fait absolument comme le tirage, en observant qu'il est indispensable de la faire *tout de suite*, c'est-à-dire après le tirage de 500 à 1,000 feuilles, autrement le papier perdrait son humidité et l'impression viendrait mal, à moins qu'on ne l'ait conservé frais dans des maculatures trempées, comme il a été indiqué au chapitre de la trempe du papier.

Il faut aussi veiller à ne pas effacer ni maculer les feuilles par un frottement quelconque sur le tirage encore frais ; pour cela, se servir pour le tirage de maculatures mouillées et après la retiration de maculatures sèches. Ces maculatures, conservées avec soin, peuvent servir très-long-temps, c'est-à-dire presque indéfiniment.

RECOMMANDATIONS IMPORTANTES.

Il est indispensable, pour la réussite de l'impression, de suivre ponctuellement toutes les indications qui précèdent, et même de suppléer à celles qui peuvent manquer.

Malgré les minutieux détails dans lesquels nous sommes entré, il est certainement beaucoup de petites choses que nous avons passées sous silence, parce qu'elles se font remarquer d'elles-mêmes, et qu'il est aussi facile de les découvrir que de les lire; il en est cependant une que nous devons mentionner, en raison de son importance capitale, c'est la nécessité de n'employer que de l'eau naturelle (de pluie, de rivière ou distillée) pour mouiller la planche pendant le tirage. Toute eau qui ne dissout pas parfaitement le savon, qui, quoique bonne, a été chauffée par le soleil en été, ou refroidie par la gelée en hiver, est impropre à cet usage et peut perdre le travail.

Nous croyons être agréable à nos lecteurs en leur indiquant de préparer eux-mêmes l'eau gommée et l'acide. Voici les différentes formules généralement employées chez les lithographes :

Manière de préparer l'eau gommée

Prenez : Eau pure . . . . 200 grammes.
— Gomme arabique 100
Faites fondre à froid et filtrez.

Manière de préparer l'acide pour la pierre

Prenez : Eau pure . . . . 100 grammes.
— Eau gommée 100
— Acide nitrique 5
Agitez et laissez reposer pendant quelques heures.

Manière de préparer l'acide pour le métal

Prenez : Eau pure . . . . 100 grammes.
— Eau gommée . . . . . , . 100
— Acide clorhydrique 5
Bien mélanger et laisser reposer pendant quelques heures.

SIMPLE CONSEIL

La *Lithographie* ne pouvant s'obtenir autrement que par l'écriture à rebours, présente sur ce premier point des difficultés très-sérieuses ; nous conseillons donc de commencer par l'*Autographie*, qui est beaucoup plus simple, puisque on l'obtient au moyen de l'écriture ordinaire.

Cependant, les personnes qui ont une bonne écriture et le goût du dessin, pourront entreprendre simultanément ces deux genres. Elles obtiendront des résultats satisfaisants en peu de temps, si elles persévèrent.

Nous engageons aussi les amateurs à bien se pénétrer des procédés autographiques, qui sont ceux même de la lithographie, et à compléter ensuite leur première instruction par la lecture de la partie lithographique de cette brochure, et par celle des ouvrages spéciaux dont on trouvera l'annonce dans notre *Catalogue*.

Imp. Guérin-Nicolot, r. Saint-Martin, 16J.

INSTRUCTION PRATIQUE

LITHOGRAPHIE

La lithographie, avons-nous dit plus haut, est l'art d'écrire ou de dessiner sur pierre, pour ensuite, par des procédés chimiques et mécaniques, reproduire à l'infini l'écriture et le dessin sur le papier.

De même que la typographie, qui comprend la composition et l'impression, la lithographie comprend aussi deux parties : l'une qui réclame l'intervention de l'écrivain ou du dessinateur, et l'autre celle de l'imprimeur.

C'est de l'écrivain lithographe que nous allons tout d'abord nous occuper, en commençant par dire un mot de son outillage.

INSTRUMENTS, USTENSILES ET FOURNITURES A L'USAGE DES ÉCRIVAINS LITHOGRAPHES.

Il faut aux écrivains lithographes les instruments, fournitures et ustensiles suivants :

Une table, deux tasseaux, une planchette ceintrée ; — encre, plumes, compas, règles, équerres, pistolets ou curvilignes, tire-lignes, acier pour faire des plumes, ciseaux pour les tailler, pierre à aiguiser, papier végétal et papier sanguiné pour les décalques, morceaux de pierre ponce pour faire les corrections et nettoyer les marges ; un flacon d'essence de thérébentine rectifiée, un de préparation, un de gomme, un pinceau pour aciduler et un pour gommer.

La table de l'écrivain doit être solide et présenter, s'il se peut, un plan légèrement incliné de 20 à 25 degrés.

Les tasseaux auront de 20 à 25 centimètres de longueur et une épaisseur telle qu'ils excèdent la pierre d'un centimètre au plus.

La planchette sera bien replanie dessus et dessous, dressée et amincie en biseau d'un côté, échancrée en ceintre concave de l'autre.

Les plumes propres à la lithographie doivent être très-fines et très-flexibles. Celles que l'on fait soi-même sont les meilleures. —Pour réussir à les bien tailler, il faut une certaine pratique, voici comment l'on procède :

Prendre de l'acier *ad hoc*, le couper avec des ciseaux par bandes de largeurs convenables, ceintrer ces bandes en gouttière dans le sens de la longueur pour leur donner une forme concave, fendre l'extrémité, évider chaque côté avec soin, en observant que les becs soient bien égaux en force et en longueur, les rogner à peine et les finir sur la pierre à l'huile; couper de longueur la plume ainsi taillée et la fixer sur un manche avec un tube de plume d'oie, comme on ferait pour une plume ordinaire, ou bien la placer dans un porte-plume convenable.

La plume du lithographe, avons-nous dit, doit être fine, très-flexible, mais surtout faite à sa main; il faut donc s'exercer, et s'exercer longtemps pour arriver à ces résultats indispensables.

Le tire-ligne doit être d'une perfection irréprochable. — Son emploi sur la pierre présente des difficultés si sérieuses, que le plus habile serait incapable de les surmonter avec un instrument défectueux. — Ce n'est donc qu'après une longue pratique, accompagnée d'un grand désir de bien faire que l'on peut arriver à se servir du tireligne d'une manière à peu près satisfaisante.

Le tire-ligne étant un instrument délicat et difficile à employer, demande un entretien et des soins tout particuliers. — Il convient d'en avoir de plusieurs grosseurs.

Deux ou trois compas sont nécessaires, un compas avec pointe de rechange, porte-crayon et tire-ligne; un compas à pompe pour les travaux fins et de précision, et un compas à vis de rappel pour prendre les divisions.

Les équerres, les régles et les curvilignes en bois sont préférables, ces instruments en fer ou en cuivre sont trop lourds et peuvent gâter la pierre bien plus facilement que le bois, qu'il est facile d'entretenir très-propre. On doit éviter tout frottement sur le travail à l'encre; il faut même éviter de poser dessus les instruments dont on se sert.

L'encre lithographique, comme l'encre autographique, est liquide ou en bâton. — Liquide, elle se trouve toute prête à être employée; quand elle est en bâton, il faut la délayer comme on le fait pour l'encre de Chine, en ayant soin de n'employer que de l'eau pure de pluie ou de rivière, ou mieux de l'eau distillée.

L'encre doit s'employer ni trop liquide ni trop épaisse : dans le premier cas l'acidulation peut enlever le travail, et dans le second, elle coule mal, ne pénètre pas assez la pierre et ne résiste par conséquent pas à l'acidulation.

Enfin, l'encre doit être préservée de la poussière avec le plus grand soin et renouvelée de temps en temps. — A chaque renouvellement l'encrier doit être lavé; il faut aussi bien essuyer la plume chaque fois que l'on prend de l'encre : ces précautions sont indispensables pour faciliter le travail et obtenir des traits fins.

INSTRUCTION PRATIQUE.

EXERCICES PRÉPARATOIRES A L'ÉCRITURE SUR PIERRE.

Avant d'écrire sur la pierre, nous conseillons à MM. les amateurs de s'exercer quelque temps à écrire à rebours, d'abord sur l'ardoise et ensuite sur le papier.

Pour l'Anglaise, la Batarde et même la Ronde, il faut tenir l'ardoise, le papier ou la pierre de manière à écrire perpendiculairement de haut en bas. On pourrait ainsi apprendre à écrire de la main gauche, ce qui présenterait de grands avantages.

Pour ces genres d'écritures, il faut tenir l'extrémité inférieure du p.-plume appuyée sur l'extrémité du médius, le manche longeant la première et la seconde phalange de l'index, et prenant en avant, vers la droite, une direction convenable à la pente de l'écriture.—On peut aussi tenir la plume comme à l'ordinaire, mais alors ne tracer que les déliés et remplir les pleins après.

Pour ces exercices, il faut se procurer des modèles à rebours ou s'en faire avec des modèles ordinaires que l'on rendra transparents en les graissant avec de l'huile de noix additionnée de moitié d'essence de thérébentine.

Enfin, avant de s'exercer sur l'ardoise, on peut calquer les modèles au moyen d'un papier mince, transparent, que l'on place dessus, et continuer cet exercice jusqu'à ce que l'on ait acquis une écriture convenable.

Pour se rendre compte de son travail, on se sert d'un verre de glace que l'on présente à l'écriture de manière à la refléter dans un sens convenable.

ÉCRITURE SUR PIERRE.

L'écriture sur pierre comprend plusieurs opérations qui sont :

    1° — Faire les croquis ;
    2° — Mettre à l'encre ;
    3° — Faire les corrections ;
    4° — Aciduler et gommer.

La pierre lithographique étant préparée comme nous l'avons dit, il faut la poser sur une table, bien en face du jour. Sous la pierre, surtout si elle est à deux faces, mettre un dossier de papier blanc et propre, placer les tasseaux à droite et à gauche et mettre sur ces tasseaux la planchette ccintrée, le ccintre contre soi : c'est sur cette planchette que doivent reposer les mains et les bras de l'écrivain, la pierre devant être préservée de toutes espèces de frottement et de contact avec quoi que ce soit.

Se servir d'un siége de hauteur convenable ou

mieux d'un tabouret mobile, dont on réglera la hauteur de manière à se mettre bien à son aise pour le travail.

Tracer au crayon, sur le milieu de la pierre, avec une régle et une équerre deux directrices, c'est-à-dire deux lignes, l'une verticale et l'autre horizontale, se coupant à angle droit au milieu de la pierre, ce sont ces directrices qui serviront de base au travail.

— CROQUIS —

Cela fait, il faut esquisser le travail au crayon, en indiquer toutes les parties principales, dessiner ou décalquer les titres, les ornements, etc.; tracer les tableaux et les lignes, en un mot faire un canevas complet du travail que l'on veut exécuter.

Il est permis de s'aider du décalque, qui peut se faire sur pierre comme sur le papier, si l'on a soin, pour la pierre, de prévenir tout ce qui pourrait occasionner des taches au tirage.

Pour le décalque, on peut se servir de sanguine, de mine de plomb, de fusin, et généralement de toute substance qui ne graisse pas la pierre. Le décalque doit être très-léger, sans quoi il nuirait à l'adhérence de l'encre. Ni le crayon ordinaire, ni les différentes substances employées pour le décalque ne résistent à l'acidulation, on peut donc les employer sans crainte, autant qu'il est nécessaire pour arriver à faire ce que l'on désire. On peut aussi effacer à la gomme autant de fois qu'on le veut; mais cependant l'abus des corrections, la répétition des décalques et les effaçages réitérés peuvent salir la pierre et nuire à la netteté de la mise à l'encre.

— MISE A L'ENCRE —

Lorsque le croquis est terminé, on le met à l'encre, en observant de se conformer bien exactement à toutes les recommandations que nous avons faites au sujet de la propreté, de la précision et de la netteté du travail.

— CORRECTIONS —

Pour faire les corrections sur le tracé à l'encre, il faut effacer d'abord à l'essence, et s'il se peut à la pierre ponce, ou bien, gratter légèrement avec un grattoir bien affûté, en veillant à ne pas creuser la pierre. On passe ensuite le doigt pour enlever la poussière et l'on fait la correction.

Recommandation. — Pendant le travail du décalque, de la mise à l'encre et de la correction, il faut éviter que la respiration ne frappe sur la pierre, elle y déposerait, surtout en hiver, une humidité qui augmenterait la difficulté et nuirait à la finesse des traits.

— ACIDULATION. — GOMMAGE —

Aussitôt que le travail sur pierre est terminé, il faut aciduler et gommer.

Pour ces deux opérations, nous renvoyons à l'article IV, page 29, auquel il faut se conformer.

TIRAGE OU IMPRESSION.

En lithographie le tirage (1) et la retiration (2) se faisant absolument comme en autographie, nous

(1) Tirage, impression de la feuille sur le recto ou premier côté.
(2) Retiration, impression de la feuille sur le verso ou second côté.

prions le lecteur de se reporter à ces chapitres, pages 31 et suivantes.

Ajoutons seulement la manière de s'y prendre pour régler et donner la pression.

1° — Dans le système à râteau manuel perfectionné;

2° — Dans le système à cylindres;

3° — Dans le système à râteau et traction mécaniques.

1° *Pression au Râteau manuel perfectionné.* — Pour donner la pression avec le râteau manuel, il faut prendre ce râteau à deux mains, les pouces en dessous les doigts allongés et légèrement arqués sur le plat du râteau que l'on tient incliné vers soi, de manière à ce que, l'appuyant sur le chassis, il forme avec lui un angle d'environ 45 degrés.

Ensuite, placer le râteau obliquement, de gauche à droite, sur la division du milieu du chassis, en deçà de la surface à imprimer; — porter le corps en avant, appuyer fortement sur le râteau et le pousser en allongeant les bras, jusqu'à l'extrémité de la surface à imprimer; — soulever ensuite le râteau pour le rapporter au point de départ, sur la division voisine, et recommencer sur chaque division, lignes et interlignes, autant de fois que cela peut être utile pour obtenir une impression bien prononcée et bien noire.

— RECOMMANDATIONS —

1. — Ne jamais presser en ramenant le râteau à soi, mais le lever pour le rapporter au point de départ.

II. — Obliquer le râteau de manière à ne presser que sur une petite largeur à la fois, surtout pour le décalque qui exige une très-forte pression.

III. — Presser *exactement* et *régulièrement* sur toute la surface à imprimer, et même au delà en tous sens.

IV. — Frotter souvent le chassis avec de la poudre de talc pour le rendre glissant et faciliter le travail.

— REMARQUES —

A. — Le tirage ne demande pas autant de pression que le décalque; cependant, il ne faut pas craindre de trop presser : une pression *vive* et *ferme* est toujours préférable.

B. — Il serait difficile de préciser le nombre de fois qu'il faut passer le râteau sur le chassis, attendu que le plus ou le moins dépend de la manière dont on s'y prend et surtout de la force qu'emploie l'imprimeur.

2° *Pression avec les cylindres.* — Point n'est besoin d'instructions pour le tirage avec cet appareil; serrer plus ou moins les vis de pression, faire passer plusieurs fois le chariot dans les cylindres pour le décalque, une seule fois autant que possible pour le tirage, voilà tout.

3° *Pression au Râteau mécanique.* — Plusieurs moyens sont à la disposition de l'imprimeur pour régler la pression de cet appareil : le premier et le plus simple consiste à caller plus ou moins la pierre et à placer l'arrêt du barreau à la hauteur jugée convenable pour obtenir la pression nécessaire.

Ensuite, le porte-râteau des presses de ce genre étant pourvues d'un régulateur en chaque bout, il suffit de serrer ou de desserrer les écrous à oreilles, selon qu'il est nécessaire pour obtenir la pression que l'on désire.

Quant à la traction, il suffit aussi de tourner le volant autant qu'il le faut pour entraîner le chariot dans toute la longueur de sa course; un contre-poids le ramène au point de départ.

***

IMPRESSIONS EN BRONZE, OR ET COULEURS.

Pour obtenir des épreuves en bronze, il faut d'abord imprimer en noir comme à l'ordinaire; puis, avec un tampon de ouate, toucher la poudre de bronze et passer légèrement sur l'épreuve. Secouer ensuite l'excédant de poudre et laisser sécher.

On obtient plusieurs teintes au moyen d'une feuille de papier découpée, que l'on place sur l'épreuve, de sorte que les ouvertures ne laissent apparaître que la ligne, le mot et même la lettre que l'on veut bronzer. On procède de même pour les autres teintes.

Si l'on imprimait les épreuves avec un mordant de la teinte du bronze, ou même seulement avec du mordant blanc, on obtiendrait un bronze plus vif, plus brillant et plus beau.

Pour imprimer en or, il faut tirer les épreuves avec du mordant de cette teinte; puis, au moyen d'un blaireau à dorer, qu'on se passe sur la joue ou les cheveux, on prend de petites feuilles d'or, que l'on dépose sur l'impression. On place ensuite sur l'épreuve une feuille de papier glacé ou fortement satiné, sur laquelle on passe la main pour faire adhérer l'or au mordant. Quand l'impression est sèche, on enlève les parcelles d'or non collées, avec une brosse en blaireau, et l'on satine pour donner du brillant.

Il faut ici faire remarquer que, pour ces deux sortes d'impression, on ne doit employer que du papier sec et bien satiné.

Pour imprimer en couleur, on peut faire usage de poudre impalpable, et procéder comme pour le bronze; mais pour obtenir de bons résultats dans ce genre, il faut employer des couleurs broyées et préparées comme l'encre noire. Enfin, quand on imprime en encre de couleur, il faut passer lentement le rouleau sur la forme et veiller à ce que l'encrage soit bien régulier.

Si l'on voulait imprimer en plusieurs couleurs, il faudrait imprimer sur plusieurs pierres préparées à cet effet et bien repérer.

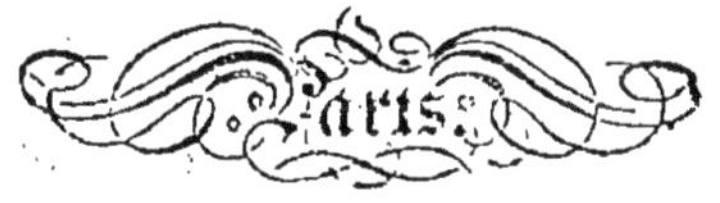

Imprimé à la minute sur les presses portatives Guérin-Nicolot

OUVRAGES INTÉRESSANTS ET TRÈS-UTILES
A CONNAITRE

MANUEL élémentaire de Photographie au collodion humide, par Dumoulin. In-18 jésus, avec figures; 1874, prix 2 fr., — par poste. . . . . . 2 fr. 50

NOUVEAUX PROCÉDÉS d'impression autographique et de photolithographie, par Lallemand. In-12; 1867, prix 2 fr., — par poste. . . . . . 2 fr. 50

TRAITÉ pratique complet d'impressions photographiques aux encres grasses, par Moock (L.). In-18 jésus de 141 pages; 1874, prix 4 fr. 25, — par poste. . . . . 5 fr. »

ESSAIS sur les Gravures chimiques en relief. par Motteroz, ouvrier imprimeur typographe. In-8, avec deux gravures spécimen; 1871, prix 3 fr. 50, — par poste. . . . . 4 fr. »

Les gravures chimiques sont malheureusement peu connues. Les inventeurs ont bien publié quelques détails sur leurs procédés, mais ces renseignements, fort incomplets du reste, sont épars dans différentes publications. L'auteur a donc rendu un service réel en donnant une analyse méthodique de tout ce qui paraît pratique dans les nouveaux procédés auxquels il a ajouté un grand nombre de renseignements inédits et fort intéressants,

PREMIÈRES leçons de Photographie, par Perrot de Chaumeux (L.). 2° édition, revue et augmentée. In-18 jésus, avec figures dans le texte; 1874, prix 2 fr. 25, — par poste. . . . . 2 fr. 75

CODE de l'opérateur photographe, par A. Belloc. In-18, prix 1 fr. 50, — par poste. . . 1 fr. 75

PHOTOGRAPHIE, procédés sur verre et sur papier, verre opale, mat et brillant, coloris instantané, — coloris brésilien; retouche du cliché, par G. Belloc. In-12 avec pl, prix 1 fr. 50, — par poste. 1 fr. 75

LE COLLODION à sec mis à la portée de tous par un procédé simple et nouveau, par A. de Constant. In-8 avec fig., prix 2 fr. 75, — par poste. 3 fr. »

Les insuccès de la photographie, causes et remèdes,
par V. Cordier. In-12 avec figures, prix 2 fr. 75,
— par poste. . . . . 3 fr. »

Nouvelle méthode de peinture à l'aquarel et à
l'huile, appliquée uniquement aux portraits pho-
tographiés, petites dimensions et agrandis, par
H. David, dit Lenglet. In-8, prix. . 2 fr. 75
— par poste . . . . 3 fr. 25

Photographie au charbon (gélatine et bichromates
alcalins), par Despaquis. In-18 jésus, prix 2 fr. 25
— par poste . . . . 2 fr. 60

L'héliochromie, par Ducos du Hauron. In-8, prix
1 fr. 50, — par poste . . . . 1 fr. 75

Les éléments de la photographie, contenant un
aperçu historique et l'exposé des opérations, —
propriété des sels d'argent, — optique photogra-
phique, par A. Honnot, chef du service photogra-
phique au dépôt de la guerre de Belgique. In-8,
prix 2 fr. 25, — par poste . . . . . 2 fr. 50

Nouveau procédé de photographie sur plaque de
de fer, avec notice sur les vernis et le collodion sec, par Van Monckhoven. Prix. 4 fr. »
— par poste . . . . 4 fr. 50

Nouveaux procédés pour l'amplification des pho-
tographies et pour les portraits de grandes dimensions, par Testelin. In-8 avec planche, prix 3 fr.,
— par poste . . . . 3 fr. 40

L'imprimerie pour tous, instruction théori-pratique
pour imprimer soi-même en typographie, lithographie et autographie, par Guérin-Nicolot. Broch.
in-18, rognée, prix 2 fr. 50,—par poste. 3 fr. »

Voir aussi la liste d'autres ouvrages,
page 2, ci-dessus.

TABLE DES MATIERES

SOMMAIRE.

DESCRIPTION DES PRESSES ET APPAREILS.

MÉTAUX ET PIERRES GRAPHIQUES.

USTENSILES LITHOGRAPHIQUES.

ACCESSOIRES.

DE L'AUTOGRAPHIE.

PRÉPARATION DES PRESSES ET APPAREILS.

PRÉPARATION DES USTENSILES ET ACCESSOIRES.

CHOIX DES FOURNITURES.

AUTOGRAPHIE. — PARTIE PRATIQUE.

Imprimé à la minute, sur les *presses portatives Guérin-Nicolot.*

UTILITÉ GÉNÉRALE

IMPRIMERIES PORTATIVES

TYPO-LITHOGRAPHIQUES

POUR IMPRIMER SOI-MÊME

PRIX-COURANT

BREVETS D'INVENTION ET DE PERFECTIONNEMENT S. G. D. G.

MÉDAILLE D'ARGENT

A L'EXPOSITION UNIVERSELLE DE 1871, A PARIS

GUÉRIN-NICOLOT

INVENTEUR-FABRICANT

186, RUE SAINT-MARTIN, 186

PARIS

Paris, le 1er Septembre 1874

J'ai l'honneur d'appeler votre attention sur mes *Imprimeries Portatives Typographiques et Lithographiques*, brevetées d'invention et de perfectionnement s. g. d. g. et honorées d'une médaille d'argent à l'Exposition universelle de 1872, à Paris.

Chaque Imprimerie comprend: la Presse, les caractères, les appareils, les ustensiles et tous les accessoires ainsi que les fournitures nécessaires pour faire SOI-MÊME toutes sortes d'ouvrages d'impressions, soit en *Lettres*, c'est-à-dire, en caractères d'imprimerie; soit en *Autographie*, c'est-à-dire par la reproduction de sa propre écriture tracée sur le papier comme à l'ordinaire; soit enfin en *Lithographie*, c'est-à-dire au moyen de l'écriture sur Pierre, d'après les *procédés simplifiés* de cet art.

L'utilité pratique de mes **Imprimeries Portatives** est aujourd'hui incontestable: les félicitations que je reçois chaque jour le prouve surabondamment. D'un autre coté, la simplicité des appareils, la facilité de leur manœuvre, *même pour les plus jeunes enfants*, de même que la variété des modèles et des numéros, ainsi que la modicité des prix, tout est calculé pour mettre ces Imprimeries à la portée de tous les goûts et de toutes les bourses.

C'est ainsi que, sous cette nouvelle forme, l'Imprimerie devenue définitivement libre, est appelée à rendre d'immenses services à tous, principalement au Commerce, à l'Industrie et aux Administrations publiques et privées.

Recevez, M   , mes salutations empressées,

GUÉRIN-NICOLOT

«Pour s'informer si un peuple est policé ou barbare, l'on peut se réduire à demander: A-t-il l'usage de l'Imprimerie? A-t-il la liberté de la Presse?»

(VOLNEY)

La liberté de l'Imprimerie est un bienfait dont chacun peut profiter: les uns, comme agrément; les autres, comme utilité. Les machines actuelles étant d'un prix très-élevé, exigeant un emplacement considérable et une installation très-dispendieuse, ne peuvent convenir qu'à ceux qui exercent la profession d'imprimeur.

Cependant, bon nombre de personnes pourraient faire des expériences très-agréables, et d'autres abrégeraient considérablement leurs travaux, si elles possédaient, je ne dis pas une PRESSE, mais une IMPRIMERIE COMPLÈTE, qui leur permît, sans apprentissage, sans difficultés, ni dépenses sérieuses, de faire *Elles-mêmes* toutes sortes d'impressions usuelles.

Les *Imprimeries portatives Guérin-Nicolot* remplissent parfaitement ce double but, en même temps qu'elles mettent les avantages de l'art à la portée de tous.

En effet, un des principaux mérites de cette invention c'est que l'usage des *Imprimeries portatives* est si simple, qu'après avoir lu attentivement l'*instruction*, il n'est personne, qui ne puisse *imprimer*, même les enfants, et faire, *surtout en typographie*, toutes sortes d'imprimés tels que Lettres, Prospectus, Circulaires, Avis, Prix-Courants, feuilles de Commissions, Factures, Dessins, Plans, Gravures, Musique, Modèles d'Écriture et de Devoirs, Récompenses, Bons Points, Étiquettes, Affiches, Tableaux, Cartes de Visite et d'Adresses, Avis de Naissance, Lettres de Mariage et de Décès, et généralement les ouvrages de ville, même les petites brochures, ressources immenses pour tous, principalement pour l'Industrie, le Commerce, les Administrations, et généralement pour toutes les personnes et tous les établissements qui font usage d'imprimés ou de formules.

Les Imprimeurs peuvent aussi se servir de la Presse *avec avantage* pour faire leurs épreuves, aussi bien que pour l'impression des ouvrages de ville urgents, que l'on est obligé de tirer seuls. Enfin, ce sont pour les lithographes, d'excellentes et d'avantageuses *Presses à reports*.

La Presse typographique sert aussi de *Presse à copier* la correspondance et de *Presse à satiner* le papier après l'impression.

Avec l'IMPRIMERIE COMPLÈTE on peut donc:

> Imprimer en lettres
> Imprimer en lithographie
> Imprimer en autographie
> Copier la correspondance
> Satiner le papier.

On peut aussi ajouter aux Imprimeries les outils nécessaires pour brocher et relier les livres.

Pour l'amateur, *l'Imprimerie* se resserre dans un meuble plus ou moins riche, mais toujours élégant, dont la place est aussi bien au salon qu'au bureau, à l'école qu'à l'atelier, et, pour le voyageur, le tout est contenu dans une malle qui n'augmente pas beaucoup son bagage.

Les petits essais typographiques offrent généralement beaucoup d'attraits aux enfants; ils contribuent puissamment au développement de leur intelligence et aux progrès de leurs études: les modèles 1 et 2 présentent une série d'Imprimeries à bon marché, dont la moindre constitue le plus utile, le plus intéressant, le plus joli cadeau qu'on puisse leur offrir dans toutes les circonstances.

GUÉRIN-NICOLOT

PRIX-COURANT

IMPRIMERIES TYPOGRAPHIQUES

Moyennant les prix ci-après on a l'Imprimerie complète comprenant: la Presse, les Caractères, ustensiles, et accessoires, ainsi que les premières fournitures dont la description et la nomenclature sont données au PRIX-COURANT DESCRIPTIF.

Expédition contre remboursement. — L'emballage et le port sont à la charge de l'Acheteur.

Modèle 1

1 — Format de la Carte de visite ordinaire. . 12 fr.
2 — Format de la Carte de commerce. . . . 18 »
3 — Pour imprimer 8 cent. sur 12. . . . . 28 »
4 — Pour imprimer 9 cent. sur 14. . . . . 40 »

Modèle 2

5 — Pour imprimer 10 cent. sur 15 . . . 50 fr.
6 — Pour imprimer 11 cent. sur 17 . . . 60 »
7 — Pour imprimer 12 cent. sur 18 . . . 70 »
8 — Pour imprimer 14 cent. sur 20 . . . 80 »

Modèle 3

9 — Pour imprimer 14 cent. sur 22 . . . 90 fr.
10 — Pour imprimer 15 cent. sur 23 . . . 100 »
11 — Pour imprimer 16 cent. sur 24 . . . 110 »
12 — Pour imprimer 17 cent. sur 27 . . . 120 »

Modèle 4

13 — Pour imprimer 18 cent. sur 28 . . . 130 fr.
14 — Pour imprimer 19 cent. sur 30 . . . 140 »
15 — Pour imprimer 20 cent. sur 32 . . . 150 »
16 — Pour imprimer 21 cent. sur 34 . . . 160 »

Modèle 5

17 — Pour imprimer 24 cent. sur 38 . . . 175 fr.
18 — Pour imprimer 26 cent. sur 42 . . . 190 »
19 — Pour imprimer 28 cent. sur 44 . . . 215 »
20 — Pour imprimer 30 cent. sur 46 . . . 250 »

OBSERVATIONS TRÈS-IMPORTANTES

I — Ces Imprimeries sont propres à tous les travaux qui n'excèdent pas la surface d'impression que donne chaque Presse. Les dimensions ci-dessus indiquent le maximum de cette surface non compris les marges.

II — Les Imprimeries MODÈLE 1 conviennent particulièrement aux jeunes enfants et aux élèves des écoles primaires. — Celles du MODÈLE 2, aux élèves des Écoles professionnelles et des Lycées; — toutes, et principalement celles des MODÈLES 3 ET SUIVANTS conviennent à tout le monde et sont propres à toutes sortes de travaux.

III — Avec une de ces Presses quelconques on peut tirer 150 à 300 feuilles à l'heure selon l'habileté de celui qui fait le travail: quelques clients affirment tirer 4 et même 500 feuilles.

Modèle 6

IMPRIMERIES AVEC ENCRIERS AUTOMATIQUES
POUR IMPRIMER:

1º Comme à l'ordinaire — 2º Avec encrage automatique, 4 à 600 feuilles à l'heure; — 3º sur Registres ou livres reliés comme s'ils étaient en feuilles, 300 tirages à l'heure.

21 — Impress. ord. 16 × 22, — automat. 8 × 12 . . . 125 fr.
22 — Impress. ord. 16 × 22, — automat. 10 × 12 . . . 175 »
23 — Impress. ord. 18 × 28, — automat. 12 × 18 . . . 225 »
24 — Impress. ord. 24 × 38, — automat. 14 × 22 . . . 300 »

IMPRIMERIES LITHOGRAPHIQUES

Modèle 7

IMPRIMERIES AVEC PRESSES A RATEAU PERFECTIONNÉ

PLANCHES EN MÉTAL

25 — Planche de 13 cent. sur 18 . . . . . . 40 fr.
26 — Planche de 15 cent. sur 25 . . . . . . 50 »
27 — Planche de 18 cent. sur 28 . . . . . . 75 »
28 — Planche de 20 cent. sur 31 . . . . . . 90 »

Modèle 8

IMPRIMERIES AVEC PRESSES A CYLINDRES

PLANCHES EN MÉTAL

29 — Planche de 20 cent. sur 31 . . . . . . 115 fr.
30 — Planche de 23 cent. sur 36 . . . . . . 125 »
31 — Planche de 28 cent. sur 45 . . . . . . 140 »
32 — Planche de 32 cent. sur 49 . . . . . . 175 »

Modèle 9

IMPRIMERIES AVEC PRESSES A RATEAU MÉCANIQUE

PIERRES LITHOGRAPHIQUES

Nouveau système, breveté s. g. d. g., d'une extrême simplicité et d'une facilité VÉRITABLEMENT INOUIE. — Succès garanti.

33 — Pierre de 19 cent. sur 24 . . . . . . 100 fr.
34 — Pierre de 21 cent. sur 27 . . . . . . 125 »
35 — Pierre de 24 cent. sur 32 . . . . . . 150 »
36 — Pierre de 27 cent. sur 38 . . . . . . 200 »

Ces presses lithographiques conviennent aussi bien aux lithographes qu'aux amateurs. Elles sont simples, faciles à manœuvrer, tiennent peu de place et ne demandent aucune installation.

IMPRIMERIES TYPO-LITHOGRAPHIQUES

Modèle 10

IMPRIMERIES DITES D'AMATEURS

— N° 37 —

Typographie de 15 sur 21 . 200 fr. — Lithographie de 20 sur 31. 100 fr
Les deux ensemble . . . . 250 fr.

La planche est en métal : avec pierre, 25 fr. de plus

— N° 38 —

Typographie de 18 sur 23 . 275 fr. — Lithographie de 23 sur 35 . 125 fr.
Les deux ensemble . . . 340 fr.

La planche est en métal : avec pierre, 40 fr. de plus

— N° 39 —

Typographie de 23 sur 31 . 350 fr. — Lithographie de 26 sur 36 . 150 fr.
Les deux ensemble . . . . 430 fr.

La planche est en métal : avec pierre, 60 fr. de plus

— N° 40 —

Typographie de 26 sur 36 . 425 fr. — Lithographie de 31 sur 40 . 175 fr.
Les deux ensemble . . . . 520 fr.

La planche est en métal : avec pierre, 70 fr. de plus

NOTA. — Les mesures ci-dessus indiquent, pour la typographie, la surface d'impression, non compris les marges; — pour la lithographie elles désignent les dimensions de la planche.

La Typographie et *la Lithographie* se vendent séparément; mais les deux réunies sont préférables et meilleur marché.

La Typographie peut toujours s'ajouter à la *Lithographie*, et *vice versa*: mais cela entraine à une dépense plus forte quand il se fait séparément.

Le *Prix-Courant descriptif* contenant le dessin et la description complète de chaque Presse, le Catalogue des appareils, ustensiles et accessoires composant chaque Imprimerie, ainsi que la désignation du matériel de Composition, le nombre et les sortes de Caractères, les fournitures, les frais d'emballage et de port. sera envoyé *franco* à toute personne qui en fera la demande, par *lettre affranchie*, contenant un timbre-poste de 25 c. à l'adresse de M. GUÉRIN-NICOLOT, rue St-Martin, 186/7, Paris.

IMPRIMERIES PORTATIVES

AVEC

PRESSES TYPO-LITHOGRAPHIQUES. — PRESSES A COPIER

ET PRESSES A SATINER

BREVETÉES S. G. D. G.

POUR IMPRIMER SOI-MÊME

INSTANTANÉMENT, SANS FATIGUE, SANS FRAIS

Toutes sortes de Lettres, Prospectus, Circulaires, Avis
Prix Courants, Commissions, Factures, Etats de Situation
Mémoires, Comptes Rendus, Rapports
Dessins, Plans, Gravures
Musique
Modèles d'écritures et de Devoirs, Bons points
Étiquettes, Affiches, Tableaux
Cartes de Visites et d'Adresses
etc., etc., etc.

*Généralement toutes espèces d'imprimés, d'ouvrages de ville
d'œuvres littéraires ou labeurs*

GUÉRIN-NICOLOT

Inventeur-Fabricant

186, RUE SAINT-MARTIN, 186

PARIS

GRAND CHOIX

D'IMPRIMERIES, PORTATIVES

8 modèles comprenant 40 numéros gradués

A toutes les personnes qui en font la demande par lettre affranchie, j'envoie *franco* par poste :

Le Prix-courant ordinaire *gratuitement*.

Le Prix-Courant descriptif, contre 25 centimes en timbres poste,

Et l'Instruction, contre 50 centimes.

Nota. — Le Prix-Courant descriptif contient le dessin et la description de la presse, — le catalogue des ustensiles et accessoires, — la désignation du matériel de composition, les sortes de caractères, et leur nombre — enfin, l'énumération de tout ce qui compose chaque Imprimerie, et généralement tout ce qui peut éclairer l'amateur et le guider dans son choix

Les lettres non affranchies sont rigoureusement refusées.

Toutes les demandes de renseignement doivent être accompagnées d'un Timbre pour affranchir la réponse.

— 9 —

IMPRIMERIES PORTATIVES

GUÉRIN - NICOLOT

INVENTEUR-FABRICANT

EXTRAITS DE MA CORRESPONDANCE

Voici quelques-uns des témoignages que je reçois journellement, et qui sont pour moi autant d'encouragements et de récompenses.

30 *Novembre* 1871. — M. Guérin-Nicolot, de Paris, est l'inventeur de machines brevetées, que nous avons vues fonctionner, et à l'aide desquelles, sans la moindre notion typographique, on peut *tout imprimer soi-même.*

Le JOUET ILLUSTRÉ, Journal hebdomadaire.

17 *Janvier* 1872. — Les essais typographiques que j'ai eu le plaisir de vous voir faire m'ont bien intéressé; vos Imprimeries sont appelées à rendre de grands services au Commerce et à l'Industrie, — Vos efforts seront certainement couronnés d'un plein succès.

SEINCÉ, Rue Michel-le-Comte, 31, Paris.

Bulletin de l'Instruction primaire de Seine-et-Oise

5 *Mai* 1872. — Nous croyons être agréable aux Instituteurs en leur indiquant les *Imprimeries* dont M. GUÉRIN est l'inventeur. — Ces Presses typographiques ou lithographiques, permettent d'imprimer soi-même toutes sortes de Lettres, États, Cours, Devoirs, Bons points, Affiches, Tableaux, etc. — Elles peuvent donc abréger considérablement les travaux des Instituteurs et des Secrétaires de Mairie.

MONGET, Inspecteur des Écoles.

Exposition Universelle de 1872, à Paris

9me Groupe — No 1816,

15 *Septembre* 1872. — Monsieur Guérin-Nicolot. — J'ai l'honneur de vous informer qu'une *Médaille d'Argent* vous a été décernée........ Veuillez recevoir mes félicitations pour cette récompense que vous avez si bien méritée.

Le Directeur Général de l'Exposition, FLEURY-FLOBERT.

14 *Janvier* 1873. — Avant de vous écrire, j'ai voulu savoir à quoi m'en tenir sur l'Imprimerie que vous m'avez vendue. — Je suis moi-même étonné de la facilité avec laquelle je suis arrivé à réussir parfaitement dans les nombreux et divers travaux d'impression que j'ai entrepris. — Recevez, Monsieur, tous mes compliments et mes remerciments. — J'ai vu avec plaisir que le Jury de l'Exposition Universelle de 1872 vous avait décerné une *Médaille d'Argent.*

A. F. CUIR, Instituteur à St-Hilarion, (Seine-et-Oise)

22 *Janvier* 1873. — Avant de répondre à la lettre que vous m'avez fait l'honneur de m'adresser, j'ai voulu attendre, afin de m'être bien rendu compte des résultats que l'on peut obtenir avec la Presse que vous m'avez vendue. — Jusqu'à présent ils sont plus satisfaisants que je n'osais l'espérer, c'est-à-dire, que j'ai fait des tirages, dont je tiens des épreuves à votre disposition, sans mise en train aucune, et presque sans pression, ce qui dénote dans l'ajustage de la Presse une grande précision. — Quant à la vitesse que l'on peut obtenir avec un tirage de plusieurs mille, j'obtiens en moyenne un tirage de 150 exempl. à l'heure (*) ; mais il est presque impossible de fixer un chiffre exact, puisque cela est subordonné à l'habileté de celui qui fait le travail. Somme toute, je crois que le but que vous poursuiviez est atteint : vous avez créé une bonne Presse et à bon marché.

BLIAUX, Imprimeur, 133, rue de la Procession, à Paris.

(*) La Presse de M. Bliaux imprime la demi-Coquille, 28 cent. sur 44.

4 *Août* 1873. — . . . Je viens vous confirmer tout ce que je vous ai déjà dit et écrit d'élogieux sur vos Imprimeries portatives. — Elles sont d'une admirable simplicité et d'un usage aussi facile qu'attrayant. — Dès les premiers jours, comme vous avez pu vous en convaincre par les épreuves que je vous ai envoyées, j'ai parfaitement réussi. Sans aucune notion de l'art d'imprimer j'ai de suite obtenu des résultats étonnants. Aujourd'hui, mes productions sont sans reproches, et ne craignent pas la concurrence. — Sans fatigue je tire 100 à 150 feuilles à l'heure *au moins*. — Votre Imprimerie est pour moi une très-attrayante occupation. — Elle me rend de très-grands services et me permet d'être agréable à mes confrères. — Je souhaite pour le bien d'un grand nombre, que votre invention soit de plus en plus connue et répandue. Pour ma part, je vous remercie pour le plaisir qu'elle me procure et les services qu'elle me rend. — Quant

aux avantages, ils se résument en quatre mots : Utilité, Agrément, Bon marché.

A. OINVILLE, Curé de St-Rémy-lès-Chevreuse,(Seine-et-Oise)

25 *Novembre* 1873. — J'ai l'honneur de vous accuser réception de l'Imprimerie que vous m'avez adressée le 22 courant. — Ci-joint un essai d'impression. — J'ai déjà fait à votre avantage un peu de propagande qui, je crois, va être suivie d'effet.

CARPENTIER, Instituteur à Toiry, (Seine-et-Oise).

Une invention utile

26 *Novembre* 1873. — Nos abonnés savent que nous sommes à la recherche de tout ce qui peut leur être utile : qu'ils nous permettent d'attirer leur attention sur une *invention précieuse*, nous voulons parler des Presses typographiques, dites Imprimeries faciles. — Il y a bien longtemps que l'on cherche sans succès une machine qui permette à tout particulier d'Imprimer lui-même, surtout depuis que la loi a rendu libre l'Imprimerie. — Combien n'a-t-on pas vu naître et mourir de ces inventions éphémères, lithographies, autographies ou autres, dont mille accidents venaient entraver l'usage . — Nous n'avons pas la prétention d'expliquer ici les changements faits et les Innovations apportées par le modeste inventeur à l'Imprimerie ordinaire, on comprend que les détails techniques, dans lesquelles nous serions obligés d'entrer ne seraient point goûtés de tous nos lecteurs ; en outre, ils seraient peu intelligibles pour la plupart d'entre eux. Nous croyons avoir rencontré, les expériences faites par nous-mêmes prouvent que notre croyance est fondée, une de ces *inventions utiles et pratiques*, appelées par leur facilité de mise en œuvre et leur simplicité de travail, à rendre de véritables services. (*Voir au* 31 8bre 1874) .

LE BULLETIN CATHOLIQUE, Journal hebdomadaire des Églises, rue du Vieux-Colombier, 1, à Paris.

10 *Décembre* 1873. — J'ai reçu votre Imprimerie et j'en suis très-satisfait.

L. DUC, Instituteur à Claviers, (Var).

17 *Décembre* 1873. — Je suis toujours très-satisfait de l'Imprimerie que vous m'avez adressée.

CARPENTIER, Instituteur à Toiry, (Seine-et-Oise)

19 *Décembre* 1873. — J'ai assez bien réussi, ci-joint un spécimen de mes expériences.

J. de MANTÉROLA, à St-Jean-de-Luz, (Basses-Pyrénées)

— 4 —

9 *Janvier* 1874. — Je suis content de l'Imprimerie que vous m'avez adressée au mois de Novembre dernier.

SAMSON, Inst᷊ à Verneusse, par Montreuil-L'Argellé, (Eure)

Semaine Catholique, Fribourg, 3 Février 1874. — J'ai bien reçu, par l'entremise de M. Gürtler, la Presse demandée par le Bulletin catholique. J'en suis satisfait, … le système me plaît, c'est simple, facile, pratique et expéditif, et j'ai déjà obtenu des résultats assez satisfaisants.

L'abbé HENRI CHAPUI, à Fribourg, (Suisse)

14 *Février* 1874. — J'ai reçu de votre Maison une Imprimerie dont je suis satisfait.

LE LÉAL, à Carnac, (Morbihan)

23 *Février* 1874. — Votre machine à imprimer marche très-bien.

DELPUTTE, à N. D. de la Roche, près Tarare, (Rhône)

17 *Mars* 1874. — Le mois de Janvier dernier, j'ai fait l'acquisition d'une Imprimerie N° 7, qui m'a rendu des services par la netteté et la quantité des Impressions que j'ai obtenues.

HYPPOLITE LAMY, secrétaire de la Mairie et Employé du Télégraphe, à La-Haye-du-Puits, (Manche)

21 *Mars* 1874. — J'ai l'honneur de vous accuser réception de l'Imprimerie que vous m'avez adressée et dont je suis très-content ; — je vous en remercie et je vous donne par la présente un spécimen de mon travail.

C. POIROT, Instituteur à Breuchotte (Haute-Saône)

NOTA : Cette lettre est imprimée ainsi que l'adresse. — La disposition typographique ne laisse rien à désirer.

24 *Mars* 1874. — Comme je vous le dis dans ma lettre *imprimée* ci-jointe, je suis très-content de l'Imprimerie que vous m'avez adressée; j'en ai déjà tiré un bon nombre de petites pièces à l'usage des mairies. — Je n'ai pas encore essayé l'Autographie, mais je ne puis tout faire d'un coup.

C. POIROT. Instituteur à Breuchotte, (Haute-Saône)

28 *Mars* 1874. — J'ai un peu tardé à vous écrire afin de pouvoir me rendre compte de mes essais typographiques; aujourd'hui j'ai exécuté plusieurs travaux de diverses grandeurs, et, tout en étant très-satisfait de mon acquisition, voici les remarques que j'ai faites. — (Suivent une série de

questions indiquant que M. Hannedouche s'est occupé sé-
rieusement de la chose). — En terminant, je vous répète
que je suis satisfait de votre Imprimerie: elle fait l'admi-
ration des nombreuses personnes qui la voient. — Je ferai
tout ce qui dépendra de moi pour agrandir votre clientèle.
(1ʳᵉ lettre)

HANNEDOUCHE, Instr à Brébières, par Vitry, (Pas-de-Calais)

2 *Avril* 1874. — J'ai l'honneur de vous accuser réception de
l'Imprimerie : si je ne l'ai pas fait plus tôt, c'est que j'ai
voulu l'essayer. Je suis satisfait, voilà l'essentiel pour vous.
— Que vous aviez donc raison d'appuyer pour l'adoption
d'une typo-lithographie! Recevez, etc.

DUCOS-MONDIKE, Instr à Chamadelle, par Coutras, (Gironde)

7 *Avril* 1874. — Étant devenu un peu expert, j'arrive à faire
des épreuves aussi nettes qu'en imprimerie. (1ʳᵉ lettre)

A. CRUVEILLERS, Pharmacien à Rouffignac, (Dordogne)

12 *Mai* 1874. — Vous voyez que j'ai votre envoi. A première vue tout me paraît bien conditionné, et j'ai lieu de
croire que j'aurai plus tard à vous dire beaucoup de bien
de votre système. (1ʳᵉ lettre)

L'abbé BAGUET, Curé de Béhéricourt, (Oise)

15 *Mai* 1874. — Permettez-moi de vous dire combien j'ai
à me féliciter de l'heureuse acquisition faite chez vous au mois
de Décembre 1873. — Votre petite Imprimerie répond parfaitement à tous mes désirs, et par son moyen, j'ai pu réaliser
mille et un petits projets que déjà depuis longtemps je pour-
suivais dans ma pensée, ce que je n'avais pu jusqu'à présent, en raison des dépenses à faire; grâce à votre ingénieuse
invention et au prix modique auquel vous la laissez, je les
ai enfin réalisés promptement, avec économie et succès,

G. KLEIN fils, 33 rue des Missions Paris

19 *Mai* 1874 — Je suis vraiment très-satisfait de la Presse
que vous m'avez envoyée. Quoique je n'aie pas encore pu
faire grand chose, j'en ai pourtant assez vu pour être certain
du succès. L'arrangement est facile et l'impression est aussi
nette qu'on peut le désirer; aussi je vais probablement faire
quelques petits livres. (2ᵉ lettre)

L'abbé BAGUET, curé de Béhéricourt, (Oise)

8 *Juin* 1874. — Votre machine va très-bien.

ROUSSEL, à la Madeleine-lès-Lille, (Nord)

13 *Juin* 1874. — Votre Imprimerie va toujours bien: tous ceux qui la voient en sont émerveillés. — Je ne désespère pas de vous en faire vendre une et peut-être deux dans quelque temps. (2e lettre)

HANNEDOUCHE, Instituteur à Brébières, (Pas-de-Calais.)

14 *Juillet* 1874. — J'ai acheté il y a plusieurs mois une de vos Imprimeries dont je suis fort content. (1re lettre)

A. PAVY, Prêtre, vicaire à Ernée, (Mayenne)

27 *Juillet* 1874. — J'ai l'honneur de vous accuser réception de l'imprimerie que vous m'avez envoyée. Mes essais sont satisfaisants. — Au commencement il m'arrivait de me tromper, mais à présent je compose bien ce que je veux, croyez-moi un de vos plus fidèles et de vos plus dévoués clients, et agréez, Monsieur, l'assurance de ma parfaite reconnaissance pour l'invention d'un appareil si utile et si amusant. (1e lettre)

F. LAMOURET, Instituteur à Ougney, par Gendrey, (Jura)

1er *Août* 1874. — .... Quant à la manœuvre de la Presse, et à ce que je puis en tirer, je suis très-satisfait; j'ai déjà fait une quantité assez considérable d'imprimés de toutes sortes pour le service de la mairie, et ils sont parfaitement réussis; je me propose d'ailleurs de vous en envoyer à une autre occasion. — L'autographie m'a aussi assez bien réussi, seulement je n'ai pas encore fait beaucoup d'essais, car le temps m'a manqué. (3e lettre)

C. POIROT, Instituteur à Breuchotte, (Haute-Saône)

23 *Août* 1874 — Nous avons expédié plusieurs de vos Presses; ceux qui ont bien voulu se donner la peine de s'en servir comme il faut, en suivant l'Instruction, ont été satisfaits des résultats. — Pour celles que nous avons dans nos ateliers, elles fonctionnent parfaitement et nous sont très-utiles pour nos petits travaux.

MAYOUX et HONORÉ, éditeurs, rue des Francs-Bourgeois, 36, à Paris.

25 *Août* 1874. — Je viens tardivement joindre mon témoignage à celui de vos autres clients. — Les Presses typographiques que vous m'avez livrées fonctionnent à merveille.

Elles sont d'une simplicité telle que de jeunes enfants, après quelques leçons, ont tiré jusqu'à deux cents feuilles à l'heure. Vos Imprimeries ne peuvent que gagner à être connues, aussi, quand l'occasion s'en présentera, me ferai-je un devoir de les recommander. — Tous nos confrères devraient se les procurer, soit comme moyen de distraction pour eux-mêmes, soit pour donner à leurs élèves des leçons *pratiques d'instruction professionnelle*. Quant à moi elles m'ont donné un tel goût pour la typographie, qu'aujourd'hui j'en fais une annexe à ma profession, ce qui me permet de transformer, petit à petit, mon externat en *École professionnelle* spéciale à la typographie. —

Les essais autographiques que j'ai faits m'ont aussi donné des résultats satisfaisants.

E. Rinuy, Instituteur, typographe, rue Davy, 56, à Paris.

29 *Août* 1874. — Je viens vous remercier du gentil cadeau que vous m'avez fait, et de la hâte que vous avez mise à me servir. — Croyez, Monsieur, à ma parfaite reconnaissance, (2ᵉ lettre).

F. Lamouret, Instituteur à Ougney, (Jura).

Nota. — Cette lettre est imprimée et bien réussie.

1ᵉʳ *Septembre* 1874. — Les différents modèles d'Imprimeries Portatives que j'ai vus fonctionner chez vous et ailleurs m'ont paru atteindre le but que vous vous êtes proposé. — Quant à celle que j'ai essayée chez moi, j'ai été satisfait des résultats obtenus. — Je vous offre donc mes sincères félicitations

Richard-Berthier, Impr. Pas. de l'Opéra, 16 - 19, à Paris.

8 *Septembre* 1874. — Je suis content de l'imprimerie que vous m'avez envoyée précédemment.

L'abbé Décome, Prêtre, Recteur de Saint-Paul-lès-Durance (Bouches du Rhône.)

Chemin de Fer de Paris à Lyon et à la Méditerrannée — Service médical

Arles, 10 *Septembre* 1874. — Vous avez témoigné tant d'intérêt à mes premiers essais, que je ne crois pouvoir mieux faire que de vous en montrer un échantillon. — En somme, cela ne marche pas trop mal pour un homme qui débute dans le métier, et qui ne peut se livrer à ce travail qu'à bâtons rompus; et je ne suis pas trop mécontent du résultat obtenu. — Jugez-en d'ailleurs par vous-même, (°) — Je m'aperçois qu'il me faudra encore beaucoup de choses. Aussitôt que je serai un peu plus FORT, je vous enverrai une liste des objets que je veux. — La caisse est arrivée en bon état, et tout va bien. — Seulement je n'ai pas trouvé dans la caisse (quoique j'aie cherché avec soin) les ACCOLADES et les FILETS ANGLAIS—. L'absence des ITALIQUES se fait ici sentir. A bientôt, cher Monsieur, veuillez bien me croire votre bien dévoué.

Dr DUVAL, Médecin de la Compagnie.

(°) Cette lettre et l'enveloppe sont imprimées; c'est un premier essa typographique de M. le D' Duval Il est parfaitement réussi sous le triple rapport de la disposition, de la composition et du tirage.

25 *Septembre* 1874 — Ayant à ma disposition votre *Imprimerie des Écoles*, je viens vous prier de m'envoyer, aussitôt qu'il vous sera possible, 2000 caractères assortis, du 12 romain, aux conditions faites à mon compatriote et associé M. l'Instituteur d'Ougney. Je vous prierai aussi de m'adresser vos derniers renseignements ou un catalogue, au sujet de vos précieuses inventions. Cela nous fixera sur de nouvelles commandes et nous servira à faire connaître votre Maison.

A. P. MEYNIER, Curé de Dompierre par Orgeley, (Jura)

3 *Octobre* 1874. — Pendant les quelques jours de vacances que j'ai passés chez mes Parents dans le canton d'Orgeley, j'ai charmé tous ceux qui ont vu mon Imprimerie . . . . . En attendant le plaisir de vous lire, je vous prie de croire à mon entier dévouement pour vous.

F. LAMOURET, Inst. à Ougney.

9 *Octobre* 1874. — Je suis très-content de posséder votre petite Imprimerie et pour preuve mes différentes commandes de caractères. — J'ai fait faire des petites ramettes en fer, qui s'adaptent à votre petite Presse, et forment une série de petits clichés dont je fais le tirage au fur et à mesure de mes besoins. (2e Lettre)

A. CRUVEILLERS, Pharmacien à Rouffignac,(Dordogne)

10 *Octobre* 1874. — J'ai reçu avant-hier mon Imprimerie. J'en ai fait l'essai hier et j'en suis satisfait, j'ai bien réussi.

HOUPEAUX, Curé de Luzoir, par Étréaupont, (Aisne)

Imprimé sur les Presses Portatives GUÉRIN-NICOLOT
par les Élèves de l'École professionnelle de l'Institution St-Leu
Rue St-Martin, 186, à Paris

16 *Octobre* 1874. — Pour la propagande que j'ai fait pour vous, je regarde cela comme étant tout naturel; car, ayant du goût pour l'imprimerie je cherche à répandre et à encourager cet agréable délassement de l'esprit. Soyez persuadé, Monsieur, que toujours je ferai voir à MM. les curieux le plaisir que procure une Imprimerie, et, de cette manière, je vous ferai de nouveaux clients .... M. le curé de Dompierre vous procurera aussi des clients, j'en suis persuadé. J'ai reçu ma commande et j'ai été assez satisfait.

F. LAMOURET, Instr à Ougney, par Gendrey, (Jura)

22 *Octobre* 1874. — Ayant été très-occupé depuis quinze jours, je n'ai pu vous envoyer plus tôt ce spécimen de mon travail. — Vous le trouverez très-imparfait, je le reconnais moi-même, mais grâce à votre appareil si complet, et un peu d'habitude, j'arriverai à mes fins. — C'est merveille qu'on puisse, avec une si petite dépense pour l'établissement d'une Presse obtenir de tels résultats. — Je vous offre ma part d'actions de grâces pour une invention, un perfectionnement dont le public peut profiter à peu de frais. — Je me propose de vous faire une nouvelle acquisition de caractères.

DELACHAPELLE, curé de Coye, (Oise)

23 *Octobre* 1874. — Vous trouverez ci-incluses deux de mes épreuves, vous pourrez juger par là de mon savoir faire. Tout marche bien, et je finirai par devenir un véritable artiste.

A. PAVY, prêtre, 1er Vicaire, à Ernée, (Mayenne)

23 *Octobre* 1874. — M. CRUVEILLERS de Rouffignac, ayant entrepris de nouvelles impressions pour sa pharmacie, m'écrit sous cette date: .... Après que j'aurai bien réussi, je vous enverrai des échantillons de mon travail et une lettre de félicitations sur *votre idée ingénieuse* de vulgariser l'imprimérie. (3e lettre)

A. CRUVEILLERS, pharmacien à Rouffignac.

28 *Octobre* 1874. — Je suis très-satisfait de la petite Imprimerie portative que vous m'avez vendue. Avec de l'attention, des soins, quelques connaissances nécessaires et un peu d'expérience, on peut arriver à rivaliser en petit avec les ouvrages sortis des grandes imprimeries. On peut exécuter une foule de petits travaux très-utiles et très-intéressants, et même si l'on a le temps et la patience, des ouvrages plus considérables. En un mot, Monsieur, votre petite Imprimerie est

vraiment un objet *d'Utilité générale*, qui peut rendre dans certains cas donnés, de grands services. — Veuillez agréer, Monsieur, avec mes sincères remercîments, l'assurance de ma parfaite satisfaction.

l'Abbé DUBOIS, curé de La Malmaison. (Aisne)

Le Bulletin Catholique

31 *Octobre* 1874. — Nous sommes très-satisfaits de l'Imprimerie facile que vous nous avez fournie; elle remplit parfaitement le but que nous désirions. — Nous recevons également des éloges de toutes celles que nous avons fournies à nos clients.

Le GÉRANT du Bulletin, CH. LEBOCQ

8 *Décembre* 1874. — Vous me demandez si je suis toujours aussi satisfait?... La meilleure réponse que je puisse faire c'est que, à l'aide de votre Imprimerie portative, j'ai pu imprimer un ouvrage de 36 pages Coquille in-quarto, plus de 25 mille prospectus de différentes sortes, un nombre considérable de factures, d'enveloppes à prescriptions médicales, et une quantité non moins grande d'étiquettes variées. — De plus, j'ajouterai, qu'à la rapidité avec laquelle je suis arrivé à opérer, votre Presse joint encore l'avantage de me donner des épreuves qui, par leur netteté, peuvent rivaliser avec celles des meilleures maisons de typographie. — Ces résultats doivent suffisamment vous éclairer sur la façon dont je suis content. — Aussi vous pouvez compter sur mon concours pour vous faire la plus large propagande auprès de mes Confrères.

ROUSSEAU-TRUBERT, Pharmacien, R. St Honoré 276, Paris.

A ces témoignages, que je pourrais accompagner de beaucoup d'autres, j'ajoute que toutes les personnes qui ont bien voulu se donner la peine de se pénétrer et de suivre mes instructions, ont toujours parfaitement réussi; plusieurs sont aujourd'hui imprimeurs sans avoir fait d'autre apprentissage.

GUÉRIN-NICOLOT
Rue St-Martin, 180, à Paris

Imprimé à la minute, sur les *presses portatives Guérin-Nicolot*.

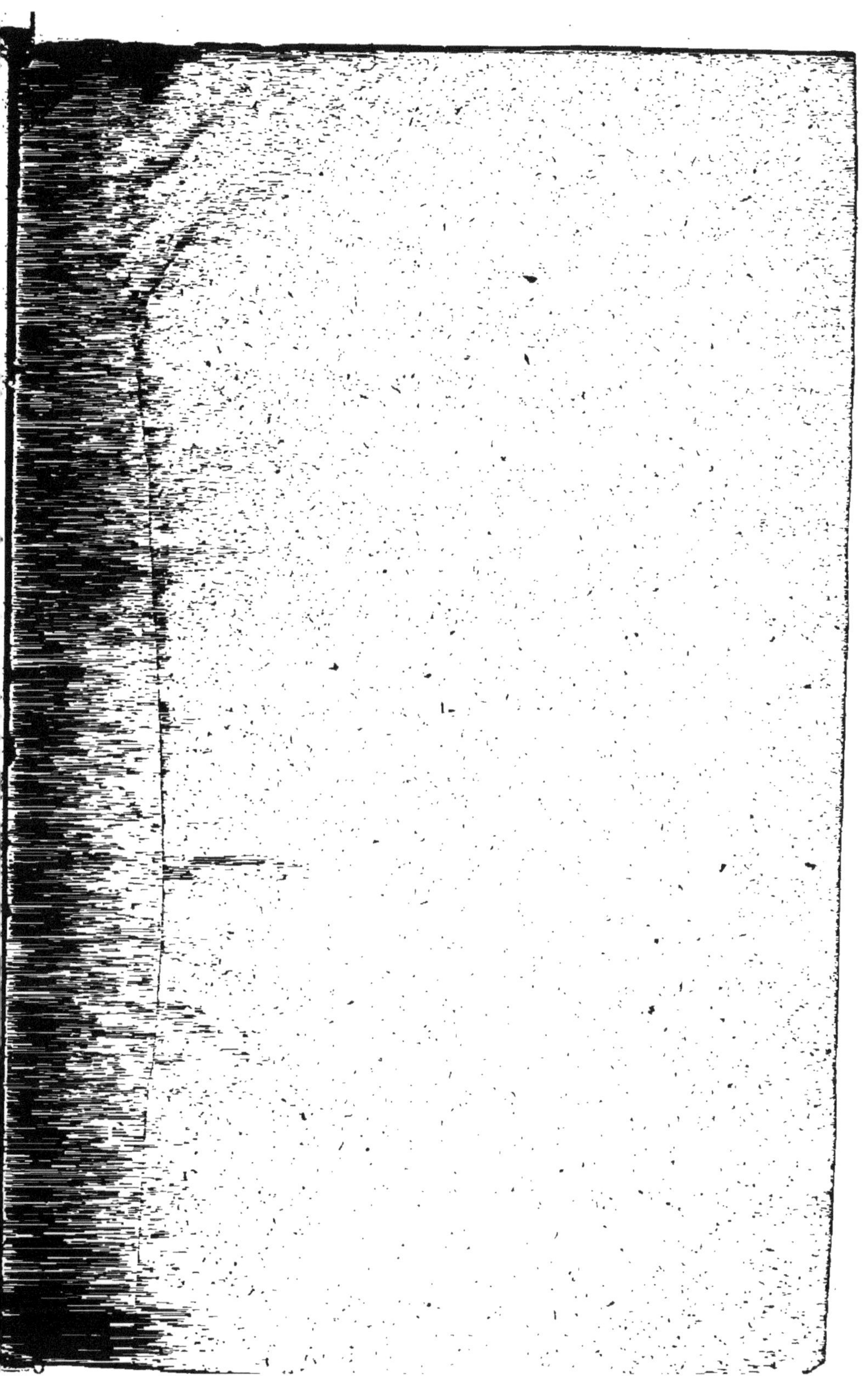

www.ingramcontent.com/pod-product-compliance
Ingram Content Group UK Ltd.
Pitfield, Milton Keynes, MK11 3LW, UK
UKHW020939120726
13693UKWH00004B/1429